Audience du 26 février 1908

Les Honoraires des Avocats

Leur caractère juridique

Extraits de la Revue des Grands Procès contemporains.
Compte-rendu des débats de Première Instance et d'Appel.
(Février 1907. — Septembre-Octobre 1908.)

PLAIDOIRIES DE Mᵉ CHARLES BOULLAY

Avocat à la Cour d'Appel de Paris

Audience du 26 février 1908

Les Honoraires des Avocats

Leur caractère juridique

Extraits de la Revue des Grands Procès contemporains.
Compte-rendu des débats de Première Instance et d'Appel.
(Février 1907. — Septembre-Octobre 1908.)

PLAIDOIRIES DE Me CHARLES BOULLAY

Avocat à la Cour d'Appel de Paris

Mᵉ X... CONTRE M. DUEZ

LIQUIDATEUR DES OBLATS DE MARIE-IMMACULÉE

UNE QUESTION D'HONORAIRES

PREMIÈRE CHAMBRE DU TRIBUNAL DE LA SEINE

Présidence de M. Ditte.

Audience du 6 novembre 1906.

Mᵉ X..., du barreau de Z..., avait plaidé, dans le cours des années 1899, 1900, 1901 et 1902, pour quatre citoyens français, prêtres oblats, se disant propriétaires d'un immeuble dont le liquidateur de la Congrégation des Oblats prit possession, et qui fut, au cours de l'année 1906, reconnu comme appartenant en réalité à la Congrégation. Les prêtres oblats, n'ayant plus la libre disposition de l'immeuble, reconnurent la légitimité des honoraires sollicités par leur avocat, mais lui dirent de s'adresser au liquidateur qui mettait en vente l'immeuble à l'occasion duquel les instances avaient été introduites : il s'agissait d'une servitude de passage et de la propriété d'une source.

Le liquidateur, M. Duez, saisi de cette demande, prétendit que Mᵉ X... ne justifiait pas de l'importance de son concours (la somme demandée était de 2.500 francs) et qu'au surplus, en raison de l'inexistence juridique de la Congrégation, la liquidation ne saurait être condamnée au paiement des honoraires de l'avocat qui avait plaidé pour les prête-noms de cette Congrégation que s'il établissait avoir réellement mis une valeur dans la masse à liquider, et jusqu'à concurrence de l'enrichissement procuré à la liquidation.

Mᵉ Charles Boullay, au nom de Mᵉ X..., a prononcé la plaidoirie suivante qui discute, au passage, le caractère juridique de l'honoraire d'avocat.

Messieurs,

Quatre citoyens français, MM. Langeon, Isnard, Mauron et Ossola, étaient propriétaires d'un immeuble appelé Notre-Dame des Lumières ; ils eurent à soutenir divers procès, dans le cours des années 1899, 1900, 1901 et 1902, contre leurs voisins à raison de droits réels. Ils s'adressèrent à M⁰ X..., du barreau de Z..., pour défendre leurs causes.

Mon confrère s'acquitta de sa mission à leur entier contentement. Mais, avant même la fin des instances, était survenue la loi de 1901. Aussi ses clients le prièrent-ils d'attendre pour le rémunérer qu'ils fussent fixés, puisque l'article 17, en raison de leur qualité de prêtres et d'oblats, frappait leur propriété de suspicion. Le rejet en bloc des autorisations, en 1903, acheva l'œuvre de leur dépouillement. Ainsi M⁰ X... dut recourir à M. Duez et, sur son refus de régler ses honoraires, l'assigna devant le Tribunal de la Seine.

Dans sa requête il précisait qu'il était créancier de MM. Langeon, Isnard, Mauron et Ossola, d'une somme de 2.500 francs pour démarches et plaidoiries faites à l'occasion d'un procès survenu entre eux et un de leurs voisins.

L'honorable avoué qui l'assiste avait ajouté que cette créance doit, aux termes de l'article 2102 § 3, du Code Civil, conférer un privilège sur le prix de l'immeuble, comme ayant eu pour cause des conseils et plaidoiries dont le but atteint avait été de maintenir des droits au domaine.

Il s'agissait bien, selon lui, de frais faits pour la conservation de la chose.

Jusqu'ici, l'affirmation d'un avocat, quand il atteste le principe de la rémunération, a toujours paru suffisante ; la contestation ne porte parfois que sur son étendue.

Mais les liquidateurs ne s'en tiennent pas aux usages. M. Duez a voulu des justifications ; je les apporte ; et, dès le 25 octobre dernier, au sortir même de cette audience, je les remettais à mon honorable adversaire en présence de son avoué.

Déjà, le 15 décembre 1905, M. X... écrivait :

Je pensais que l'affaire des honoraires ne viendrait que lorsque la question de la propriété du couvent des Lumières aurait été réglée, par la raison que si le couvent appartient à MM. Langeon, etc., ce sont eux qui doivent me régler mes honoraires ; si, au contraire, le couvent est la propriété de la congrégation, c'est cette dernière qui doit. J'ai prêté mon ministère à MM. Langeon et autres, dans de nombreuses affaires ; je dois citer parmi les plus importantes un procès relatif à un changement de servitude de passage et à des droits sur un canal, et un autre relatif à une source qui alimente l'immeuble... Pour les affaires de ces Messieurs, j'ai dû me rendre plusieurs fois sur place, puis à Nîmes, à Marseille. J'ai dû également m'occuper d'une foule d'autres affaires de moindre importance. Je n'ai pas touché un centime de ces Messieurs. S'il le fallait, je pourrais relever au greffe la trace de mes plaidoiries.

J'apporte ce relevé :

Le greffier du Tribunal de L... atteste que M· X..., avocat à ... comme conseil des sieurs L..., a plaidé pour le compte des susnommés dans diverses affaires à eux intentées relativement à divers droits de propriété ou de servitudes, et solutionnées par jugements du Tribunal de céans aux dates des 7 mars 1899, 7 février 1900, 25 juin 1901, 17 juillet 1902, et suivant ordonnance du 13 juin 1900.

Au greffe, le 3 août 1906.

L'avoué qui occupait pour la partie adverse, et qui même a parfois prêté son ministère aux liquidateurs, donne une attestation identique.

Vous trouverez à mon dosier un mémoire très explicite de M⁰ X... relatant tous les éléments de son intervention professionnelle ; quand vous l'aurez parcouru, vous serez, comme moi, convaincu de son dévouement et de la discrétion de sa fixation.

Il importe d'ajouter que, dans le procès relatif à la servitude de passage, Me X... vit le succès récompenser ses efforts ; il fit triompher la prétention de ses clients : son nom se trouve inscrit dans les qualités des jugements qui la consacrent.

A tous points de vue, donc, vous devez accueillir cette demande ; elle émane au surplus d'un honorable confrère attaché à un barreau qui permet cette requête. Vous savez, Messieurs, qu'en province il en est presque toujours ainsi ; parfois même les avoués portent les honoraires sur leurs taxes soumises à votre approbation et se chargent de les recouvrer, de telle sorte qu'à vrai dire jamais les avocats de ces barreaux ne sollicitent des provisions : une telle requête, dans des régions où les rapports sont plus fréquents et plus intimes, aurait un caractère de rigueur... presque de méfiance.

Aussi grand fut mon étonnement quand, après ma communication, je reçus de nouvelles conclusions prises au nom de

M. Duez. Elles ne s'expliquent que s'il n'a pas connu les pièces que je viens de vous soumettre.

J'y lis :

Que d'ailleurs, X... s'est abstenu de révéler au concluant, quand avait eu lieu ce procès, quelles en avaient été les difficultés, et quelle la solution ;

Qu'il n'essaie même pas de justifier l'importance du chiffre de 2.500 francs qui, si le procès avait eu trait, non pas seulement à l'une des dépendances du domaine, mais bien au domaine lui-même, semblerait déjà singulièrement disproportionné ;

Qu'il n'essaie pas davantage de montrer par quel miracle le privilège spécial à certains meubles de l'article 2102 § 3, dont il se réclame expressément, pourrait s'étendre à l'immeuble de Notre-Dame de Lumières ;

Attendu qu'en raison de l'inexistence juridique de la Congrégation des Oblats de Marie-Immaculée, la liquidation ne saurait être condamnée au paiement des honoraires de l'avocat mis en œuvre par les prête-noms de cette Congrégation, qu'autant qu'il établirait avoir réellement mis une valeur dans la masse à liquider, et à concurrence seulement de l'émolument procuré à la liquidation.

J'ai hésité un moment à transmettre ces conclusions à mon confrère, car, même dans le Midi, la rédaction ne paraîtrait-elle pas dénuée de cette pondération juridique qui s'accommode mal de la prose haletante du feuilleton du jour ?

Je devais le faire ; je reçus cette réponse :

Le liquidateur a tout l'air de me prendre pour un avocat plus ou moins marron. Vous allez en juger. Je suis inscrit au barreau de ma ville natale depuis 1875 ; depuis 1878, je suis docteur en droit ; je suis juge suppléant.

Comme références politiques, je puis vous citer M. Guérin, ancien ministre de la Justice, M. Rouvier, ancien président du Conseil des ministres ; M. Viviani, père du ministre actuel, me chargea de ses intérêts. Je ne suis pas un inconnu pour MM. Victor Fabre, Procureur Général à Paris, Monier, M. Féraud-Giraud, Président honoraire à la Cour de Cassation ; j'ai été maire républicain de la ville de Z..., de 1882 à 1889, et membre du Conseil général. En droit : Des personnes qui en vertu d'actes authentiques paraissaient être propriétaires de certains biens sont venues me prier de me charger de leurs intérêts ; il ne m'appartenait pas de contredire leur qualité apparente, d'autant que les décisions, qui étaient rendues pour ou contre ces personnes, profitaient ou préjudiciaient aux biens qui paraissaient leur appartenir.

Ne sont-elles pas rassurantes pour M. le liquidateur, ces protestations ? Il ne s'agit pas d'un avocat familier des congréganistes, clérical, — ne le dit-on pas aujourd'hui, comme si nous ne devions pas, en nous approchant de votre barre, n'être plus que des partisans du droit, résolus à l'y faire triompher à l'encontre des passions ou des capices du dehors ? Mᵉ X... est républicain, il a des relations dont s'honorerait, j'en suis convaincu, M. le liquidateur ! Ne sont-elles pas persuasives pour vous, ces autres paroles traduisant la situation exacte ? Mᵉ X... a plaidé en 1899, non pour une congrégation apparente, mais pour des hommes qui venaient à lui avec des titres en leur nom, qui s'exposaient à toutes les vicissitudes, à toutes les mutations de la propriété individuelle.

Que, depuis, une loi ait établi une présomption d'interposition au profit de la congrégation non reconnue et ait déclaré illicite ce qui était licite la veille : vous ne sauriez invoquer ce texte pour apprécier des faits antérieurs ! Est-il besoin de vous rappeler que vous avez écarté, tant au Tribunal qu'à la Cour, cette prétendue inexistence juridique, quand on l'invoquait contre des tiers de bonne foi, ayant même traité avec la Congrégation ! A plus forte raison, quand ces tiers se sont trouvés en rapports avec des particuliers agissant en leur nom propre ! Seuls les commentaires des liquidateurs et de leurs conseils préconisent la thèse de l'inexistence juridique, même en cette hypothèse. C'est votre Chambre qui, dans son jugement du 10 août 1904, l'a hautement proclamé, et réfute ainsi une opinion que condamnent le bon sens, le droit et avant tout l'équité...

Attendu, disiez-vous, qu'il n'appartient pas aux demandeurs de rechercher si, dans les contrats ci-dessus visés, les acquéreurs avec lesquels ils ont contracté librement et sans fraude alléguée à la charge desdits acquéreurs, agissent ou non pour eux-mêmes, que *ceux-ci étaient maîtres,* au regard de tout autre que les Pouvoirs Publics, de *faire de leur capacité* tel usage qu'ils jugeaient bon, s'ils croyaient devoir le faire, de *la mettre au service d'associations autorisées ou non,* sous la seule condition que les Pouvoirs Publics ne critiquent point et tolèrent cet usage de leur capacité.

Les clients de Mᵉ X... avaient fait usage de leur capacité. Alors, non seulement les Pouvoirs Publics avaient toléré cet usage, mais, devant le Tribunal, le Ministère Public n'avait soulevé aucune difficulté ni opposé aucune fin de recevoir.

Ils agissaient, ainsi, sous l'empire du droit commun. Cette objection de l'*inexistence juridique* est donc à tout égard inopérante dans notre débat, puisque ce n'est même pas au nom de la Congrégation que Mᵉ X... s'est présenté ; et, dans ce cas, votre jugement déclare que la question ne se pose pas.

A l'encontre de la Jurisprudence, de l'équité et des faits, voudrait-on encore se prévaloir au nom du liquidateur du non-être, que je vous répondrais : Vous admettez, dans vos conclusions, la légitimité de la requête, si une valeur a été mise dans la masse à liquider ? Or cette valeur, Mᵉ X... l'y a portée. La propriété que *vous avez vendue,* il l'a affranchie d'une servitude de passage qui créait un trouble à la jouissance.

Il vous a énuméré, dans ses mémoires, les recherches auxquelles il avait dû se livrer, les témoignages qu'il avait dû grouper, les efforts qu'il avait consacrés à éclairer et à décider ses juges ! Vous vous expliquez alors le motif qui l'a fait invoquer dans l'exploit introductif, le privilège de l'art. 2102 § 3 sur le prix de l'immeuble ?

Les écritures adverses affectent un dédain ironique pour cette demande de privilège. Or, il s'agit bien de frais pour la conservation de la chose, car, si Mᵉ X... n'avait su faire valoir le droit réel, il n'eût pas eu de sanction judiciaire, l'immeuble demeurait grevé, et le prix en eût été moindre.

M. Guillouard, au tome Iᵉʳ de son *Traité des privilèges,* nº 372, s'exprime ainsi :

Comme le créancier pour frais de justice, celui qui a fait des dépenses pour la conservation de la chose a sauvé le gage commun. Ce privilège s'applique à toute espèce de meubles corporels ou incorporels ; telle est du moins l'opinion genérale.

Vous apprécierez, Messieurs, si vous devez reconnaître ce privilège invoqué dans l'assignation. Mais vous prononcerez certainement une allocation. Mon confrère, avec une extrème délicatesse, en présence de ces conclusions qui lui furent pénibles, tout en maintenant la modération de sa demande, me prie de vous dire que, toujours auxiliaire de la Justice, et parfois même son organe, puisqu'il est magistrat suppléant, il s'en remet entièrement à votre sagesse sur l'étendue, puisque vous consacrerez certainement le principe de sa rémunération, avec ou même sans privilège.

M. Brouchot, Substitut de M. le Procureur de la République, ne prit que des conclusions écrites.

En voici le passage intéressant.

Attendu qu'on ne voit pas comment le privilège de l'article 2102 relatif aux choses mobilières pourrait s'appliquer dans l'espèce à un bien purement immobilier ;

Qu'au surplus, en présence de l'inexistence juridique de la Congrégation, la liquidation ne saurait être condamnée au paiement des honoraires de l'avocat des prête-noms de cette Congrégation qu'autant que celui-ci établirait avoir procuré à la masse un enrichissement, et que ses prétentions ne sauraient être admises que jusqu'à concurrence seulement de cet enrichissement (action *de in rem verso*) ;

Attendu que M° X... ne fait pas cette preuve ;

Attendu notamment qu'il ne produit pas les jugements d'où résulteraient la réserve d'une source et le dégrèvement d'une servitude ;

Par ces motifs :

En la forme déclarer la demande recevable comme formée dans les délais ;

Au fond la déclarer mal fondée.

Me Boullay rédigea, en réponse à ces conclusions, une note, en y joignant une taxe du Président du Tribunal de Z..., mise au bas d'une requête de M. X..., qui se terminait ainsi :

Ces procès ont été particulièremennt délicats et laborieux ainsi que le Tribunal a pu en juger. Dans ces conditions, j'ai cru devoir réclamer à titre d'honoraires une somme de 2.500 francs ; je vous prie, Monsieur le Président, de vouloir bien taxer les dits honoraires à la somme que vous arbitrerez, la dite taxe étant demandée suivant l'usage qui est prescrit par les circulaires de la chancellerie en matière de liquidation de congrégations.

Cette requête fut ainsi répondue :

Taxé M. X..., avocat au barreau de Z..., à titre d'honoraires dans les diverses instances dont s'agit, à la somme de 2.500 francs.

Dans sa note, Me Boullay indiquait qu'il venait de recevoir les textes des jugements rendus, et que les clients de Me X... avaient bien gagné leur procès intenté pour la suppression d'une servitude de passage, qu'une propriété ainsi dégrevée avait donné une plus-value à l'immeuble et procuré un enrichissement à la masse ; que même au point de vue qu'avait cru devoir seulement envisager M. l'Avocat de la République, la rémunération était due. Mais il ajoutait que, selon lui, là n'était pas la vraie raison de décider ; que l'allocation des honoraires par le tribunal devait avoir pour cause, moins le *succès obtenu,* que l'importance des offices, du dévouement et du concours prêté par l'avocat ; qu'ainsi l'ont toujours décidé les Tribunaux, quand ils furent saisis de demandes de cette nature par des avocats appartenant à des barreaux, dont les règles ou les traditions ne sont point un obstacle à une requête en justice.

Le 6 décembre, le Tribunal a rendu son jugement en ces termes :

Attendu que X..., avocat à Z..., se disant créancier de Langeon, Isnard, Mauron et Ossola, prêtres Oblats, d'une somme de 2.500 francs d'honoraires pour démarches et plaidoiries faites à l'occasion d'un procès ayant éclaté entre les susnommés propriétaires du couvent de Notre-Dame de Lumières et un de leurs voisins, le sieur Paul Y..., allègue que « cette créance devrait aux termes de l'art. 2102 § 3 du Code Civil être considérée comme lui conférant un privilège sur l'immeuble appelé le *Couvent de Lumières,* comme ayant eu pour cause des plaidoiries et des frais ayant pour but de faire maintenir au domaine du Couvent les sources d'eau que contestait ledit sieur Paul Y... » ; réclame, aux termes de sa demande, le paiement de la dite somme à Duez en sa qualité de liquidateur séquestre des biens détenus par la Congrégation dissoute des Oblats de Marie Immaculée ;

Mais attendu qu'à raison de son inexistence juridique une congrégation non autorisée ne peut avoir de créanciers, et que dans la liquidation judiciaire des biens détenus par elle nul ne peut être admis à un prélèvement qu'autant qu'il établit avoir mis ou conservé une valeur dans la masse des biens à liquider et à concurrence seulement de l'émolument qu'il a par son fait ou de ses deniers procuré à la liquidation ;

Attendu que X... n'établit pas sa *prétention d'avoir donné ou maintenu une valeur quelconque* au domaine du Couvent de Notre-Dame de Lumières, lequel était détenu par la Congrégation des Oblats et fait partie de la masse des biens à liquider par Duez ;

Attendu, en effet, que, quelque utiles que soient les soins, conseils et plaidoiries d'un avocat, ils ne peuvent avoir pour effet de créer au profit d'une partie un droit quelconque qui ne serait pas préexistant, qu'en conséquence, s'il peut être exact de dire que le travail et le concours de l'avocat contribuent, plus ou moins puissamment, à mettre en lumière le droit de son client, ils ne le conservent point cependant dans le sens juridique du mot, puisqu'il est impossible *d'affirmer que, sans l'intervention de l'avocat, ce droit eût péri et que le juge eût été impuissant à le reconnaître et à le sanctionner ;*

Par ces motifs,

Déclare X... mal fondé dans toutes ses demandes, fins et conclusions, l'en déboute et le condamne aux dépens dont distraction à Delasalle.

Le dernier considérant mettait en question même le principe de la rémunération due à l'avocat ; aussi M⁰ X... ne crut-il pas devoir accepter ce jugement et le déféra-t-il à la Cour d'Appel qui rendit un arrêt infirmatif sur conclusions conformes de M. l'Avocat Général Corentin-Guyho. (2ᵉ Chambre, audience du 26 février 1908.)

Mᵉ Sarraute se présentait pour M. Duez, liquidateur.

Mᵉ Charles Boullay, au nom de M⁰ X..., s'est exprimé en ces termes :

Messieurs,

Le 6 décembre 1906, la Salle des Pas-Perdus prit son aspect des jours anxieux : des groupes hâtivement formés s'entretenaient d'un jugement que venait de rendre la Première Chambre, et en discutaient la portée. A propos d'une demande introduite par un honorable avocat du barreau de Z... contre M. Duez, liquidateur de la congrégation des Oblats de Marie-Immaculée, le Tribunal venait de se prononcer sur le caractère du concours de l'avocat et sur le principe de sa rémunération. Aussi l'émotion soulevée ne s'en tint pas aux propos éphémères de la collectivité qui se croyait atteinte, elle se prolongea, et vous en trouverez la trace dans les feuilles d'alors, politiques ou judiciaires.

Mᵉ X... qui, malgré la modération de sa requête, s'en était fié à la sagesse des juges pour déterminer l'étendue de ses honoraires, ne crut pas devoir accepter une décision qui lésait, selon lui, plus encore une profession, qu'il honore et qu'il aime, que ses intérêts personnels. Cette décision, il m'a chargé de vous la soumettre, certain que vous ne sauriez la maintenir, ni en équité, ni en droit.

Il suffit, pour l'intelligence du jugement, d'un rapide exposé des faits.

MM. Langeon, Isnard, Mauron et Ossola, propriétaires d'un immeuble dénommé Notre-Dame des Lumières, se trouvèrent pendant quatre ans engagés dans des procès relatifs à des droits réels : déplacement d'une servitude de passage, propriété d'une source. Mᵉ X... les assista, à leur pleine satisfaction, de ses conseils et de ses plaidoiries. Mais avant même que tout fût terminé, la loi de 1901 élevait divers ordres de suspicion contre les membres des Congrégations qui détenaient, sous leurs noms personnels, des immeubles, et les clients de M⁰ X... furent ainsi déclarés personnes interposées.

Dépossédés de l'immeuble, ils prièrent leur avocat de requérir sa légitime rémunération auprès du liquidateur : c'était en effet à l'immeuble seul qu'avait profité la procédure engagée ou suivie.

L'exploit introductif d'instance contenait une demande de 2.500 francs à titre d'honoraires et, comme les résultats définitifs des liquidations donnent le plus souvent aux créanciers d'amères déceptions, l'honorable avoué avait prudemment agi en invoquant d'ailleurs le privilège de l'art. 2102 § 3 : ne s'agissait-il pas de frais faits pour la conservation de la chose ?

M⁰ X... avait rédigé un mémoire, que vous trouverez dans nos pièces, précisant les diverses phases de son intervention. La qualité du demandeur eût dû le dispenser de justifications plus amples ; mais il faut avoir plaidé à maintes reprises contre les liquidateurs pour connaître leurs exigences. Aussi avons-nous dû produire une série de documents : pièces de procédure, attestations, non seulement de l'avoué adverse, qui occupe maintenant à X... pour les liquidateurs, mais du greffier du Tribunal (1) ; malgré cela, le 5 novembre 1906, on crut pouvoir, au nom du liquidateur, signifier des conclusions, dont les termes mêmes prouvent l'oubli de notre communication ; on y insérait : « que X... n'essaie même pas de justifier l'importance du chiffre de 2.500, qui, si le procès avait eu trait, non pas seulement à une dépendance du domaine, mais bien au domaine lui-même, semblerait déjà singulièrement disproportionné ».

En vérité, Messieurs, ce parcimonieux contrôle invoqué au nom d'un liquidateur pour l'appréciation d'honoraires s'harmonise mal avec les prétentions qu'on impute à certains membres de sa compagnie, et dont leurs patrons eux-mêmes, dans les Assemblées parlementaires, sous la pression de l'opinion publique, ont fini par s'émouvoir et s'inquiéter.

Il me plaît d'en prendre acte pour le leur rappeler au jour prochain, j'espère, où ces comptes attristants seront soumis à l'examen intéressé des créanciers.

Je dus informer mon confrère de l'accueil qu'obtenait sa

---

(1) Voir toutes ces pièces transcrites dans la plaidoirie de première instance. *Revue des grands procès*, février 1907, page 86.

demande. Sans doute on avait pensé qu'il s'agissait d'un avocat
— comment dirais-je — congréganiste, non,... seulement, comme
on dit aujourd'hui, clérical, et que le dépouillement, qu'on
impose aux membres des Congrégations, devait aussi devenir
le sort de leurs conseils !

Or, Messieurs, faut-il que je le rappelle dans cette enceinte,
qui ne fait qu'écho aux accents juridiques, et où les avocats
doivent s'apprécier seulement par l'intégrité de leur conscience
et non par leurs convictions religieuses ou leurs sentiments
politiques, le liquidateur s'était, même à ce point de vue, mépris :
M⁰ X..., comme vous le verrez par sa lettre, n'a pas l'infortune
ou l'honneur d'être un avocat... clérical, il est l'ami des idées...
mieux encore, des hommes qui se recommandent à la déférence
des liquidateurs. Il m'écrivit :

MON CHER CONFRÈRE,

Le liquidateur a tout l'air de me prendre pour un avocat plus ou moins
marron. Vous allez en juger. Je suis inscrit au barreau de ma ville natale
depuis 1875 ; depuis 1878, je suis docteur en droit ; je suis juge suppléant.

Comme références politiques, je puis vous citer M. Guérin, ancien Ministre de la Justice, M. Rouvier, ancien Président du Conseil des Ministres.
M. Viviani, père du Ministre actuel, me chargea de ses intérêts. Je ne
suis pas un inconnu pour MM. Victor Fabre, Procureur Général à Paris,
Monier, Féraud-Giraud, Président honoraire à la Cour de Cassation ; j'ai
été maire républicain de la ville de Z..., de 1882 à 1889, et membre du
Conseil Général. En droit : des personnes qui, en vertu d'actes authentiques, paraissaient être propriétaires de certains biens sont venues me
prier de me charger de leurs intérêts ; il ne m'appartenait pas de contredire leur qualité apparente, d'autant que les décisions qui étaient rendues
pour ou contre ces personnes profitaient ou préjudiciaient aux biens qui
paraissent leur appartenir.

Le débat, toutefois, ne porta, à l'audience, que sur ces trois
points : l'inexistence juridique de la Congrégation, la non-jus-
tification d'un enrichissement, et la contestation du privilège ;
mon adversaire eut la délicatesse de s'en tenir à ces seules questions de principes.

M. l'Avocat de la République se contenta des conclusions
écrites qui ne relevaient que ces deux fins de non-recevoir :
défaut d'enrichissement de la masse à liquider, absence de privilège. Il ajoutait cependant que M⁰ X... ne produisait pas les

jugements d'où résulteraient la réserve d'une source et le dégrèvement d'une servitude.

Cette production fut faite, sous la forme d'une taxe de M. le
Président du Tribunal de Z.... Ce magistrat relève dans cette
attestation les jugements obtenus, et lui, le témoin de l'effort
incessant et renouvelé, il adopta le chiffre de 2.500 francs qui
avait troublé le liquidateur, M. Duez, et son avoué, Mᵉ Delasalle.

A Paris, ce document, rendu nécessaire par les exigences de
l'adversaire, peut paraître étrange. En province, il est d'une
pratique plus fréquente, et les avoués font souvent figurer sur
l'état de leurs frais soumis à la taxe les honoraires des avocats :
ceux-ci en effet n'ont point coutume de recevoir une provision
d'une clientèle connue d'eux, avec laquelle ils ne cessent d'être
en rapports, et qui se déroberait malaisément. M. le Président
reçut de mes mains cette taxe, et, quelques jours après, le
jugement dont vous connaissez la teneur, était rendu, à la date
du 6 décembre 1906. Je vous rappelle le dernier attendu qu'in-
crimine avant tout l'appel :

Le Tribunal ;

Que, quelque utiles que soient les soins, conseils et plaidoiries d'un
avocat, ils ne peuvent avoir pour effet de créer au profit d'une partie un
droit quelconque qui ne serait pas préexistant ; qu'en conséquence, s'il
peut être exact de dire que le travail et le concours de l'avocat contribuent plus ou moins puissamment à mettre en lumière le droit de son
client, il ne le conserve point cependant, dans le sens juridique du mot,
puisqu'il est impossible d'affirmer que, sans l'intervention de l'avocat, ce
droit eût péri et que le juge eût été impuissant à le reconnaître et à le
sanctionner.

Le jugement renferme deux motifs. L'un d'ordre spécial :
la Congrégation non autorisée est inexistante ; par suite, elle
ne peut avoir de créanciers, la liquidation de ce non-être ne saurait donc être engagée qu'en raison d'une valeur mise dans son
patrimoine, d'un enrichissement produit ; l'autre d'un ordre
général : l'avocat ne crée pas le droit, ce droit préexiste ; il ne
le découvre, ni ne le conserve ; il est impossible, disent les
juges, d'affirmer qu'en dehors de son intervention le droit eût
péri, et que le juge eût été impuissant à le reconnaître et à le
sanctionner.

Les deux motifs de cette sentence ! Mais il suffit d'y réfléchir
pour constater qu'ils vont à l'encontre de l'équité et du droit !
La jurisprudence ne les a d'ailleurs pas sanctionnés !

Cette décision remonte, il est vrai, aux dernières semaines de 1906. La Cour de Cassation ne s'était pas encore prononcée sur les conséquences du non-être des Congrégations, seulement tolérées, à l'égard des tiers, et spécialement des créanciers. Cette théorie radicale et absolue ne se trouve plus guère que dans le jugement qui vous est soumis, dans les recueils rédigés par les liquidateurs, leurs avoués, ou leurs conseils : ce qui vous surprendra moins.

Le 17 juillet 1907, la Cour de Cassation avait décidé (Voir *Gaz. des tribunaux* du 28 juillet 1907) :

Attendu qu'en instituant la liquidation en justice des biens que les Congrégations non autorisées avaient détenus jusque-là sous le couvert de prête-noms, la loi du 1ᵉʳ juillet 1901 a entendu assurer la dispersion des biens en même temps que celles des personnes, sans toutefois que cette liquidation modifiât les situations juridiques antérieurement acquises aux tiers de bonne foi par rapport aux dits biens ;

Attendu, en effet, que, quoique dépourvue de toute personnalité civile, une Congrégation non autorisée ne formait pas moins, avant sa dissolution, une collectivité d'individus qui, jouissant en commun des biens détenus, étaient responsables, envers les tiers, et sur les dits biens, des engagements auxquels leur communauté d'existence et d'intérêts pouvait donner lieu ; que la loi du 1ᵉʳ juillet 1901 a laissé, à la charge de la liquidation, les engagements dérivant de cette responsabilité collective ; que les articles 3 et 5 du règlement d'administration publique, décrété le 16 août 1901 pour l'exécution de l'art. 18 de la loi précitée, prescrivent au liquidateur de dresser le compte du passif de la Congrégation aussi bien que son actif, et de payer les dettes sur le produit des ventes qu'il réalise ;

Attendu, d'autre part, que les aliénations accomplies, avant la loi du 1ᵉʳ juillet 1901, par les prête-noms de la Congrégation, sont opposables à la liquidation, sous la double condition que ces personnes aient été revêtus de titres apparents, qui leur attribuaient tous les caractères de véritables propriétaires, et que les tiers acquéreurs aient traité avec elles de bonne foi, comme si elles eussent été réellement les maîtres de la chose aliénée ;

Attendu qu'à la vérité, les privilèges ou hypothèques ainsi constitués n'eussent pas été opposables aux légitimes propriétaires des biens grevés, si ces propriétaires s'étaient révélés ; mais que, dès lors qu'il s'agit de biens qui n'entrent dans l'actif de la liquidation que parce qu'ils sont considérés comme vacants et sans maîtres, les créanciers admis au passif de cette même liquidation doivent être payés sur lesdits biens en conformité des droits que leur atttribuent leurs titres respectifs.

La Première Chambre du Tribunal elle-même n'avait-elle pas devancé la Cour Suprême dans cette voie de l'équité qui est en même temps celle du droit ?

Le 4 août 1904, elle a validé une importante hypothèque consentie à la demoiselle Soye par la société civile des Prédicateurs, qui avait été, par un jugement rendu quelque temps auparavant, déclarée prête-nom de la Congrégation non autorisée des Dominicains. Le motif du Tribunal était que « pour le passé » les dits biens (les biens détenus par les Congrégations non autorisées) doivent être considérés aux regards de tous autres que les Pouvoirs publics comme ayant été uniquement la chose de leurs propriétaires apparents, lesquels ont pu valablement, sauf le cas de fraude constatée, les acquérir, les aliéner, les hypothéquer, sans que les actes réguliers, passés avec des tiers de bonne foi, puissent être l'objet de la part du liquidateur d'aucune critique (Voir aussi Cour d'Aix, 5 mai 1905, *Gaz. Pal.*, 1905, 2e partie, p. 235).

Le Tribunal de Montpellier, le 2 juillet 1904 (*Moniteur judiciaire du Midi* du 4 mai 1905), la Cour d'Aix, à cette même date (*Gaz. Pal.*, août-septembre 1905, p. 225), le Tribunal de Grenoble le 15 avril 1905, la Cour de Rennes, la Cour de Montpellier (*Moniteur judiciaire* du 4 juin 1905, *Droit* du 2 juin 1905), enfin la Cour de Paris, le 18 juillet 1905 (*Gaz. Pal.*, 1906, p. 581), se sont rangés à cette doctrine.

Cette distinction essentielle, rationnelle, à maintenir entre les effets de l'inexistence juridique à l'encontre des membres de la Congrégation et à l'égard des tiers, se trouve reproduite dans la Jurisprudence et dans les livres publics avant la loi exceptionnelle de 1901. Je vous citerai notamment un arrêt de la Cour de Paris du 21 février 1879 (D. 79. 2. 225) et un arrêt de Cassation du 15 juin 1892 (D. 92, 1. 596).

Des tiers avaient, dès longtemps, essayé parfois de se soustraire à leurs engagements en invoquant le défaut d'autorisation ou de qualité de la Congrégation non autorisée plaidante. Toujours vous avez décidé que les congréganistes qui ont traité en leur nom personnel, ou les tiers qui de bonne foi avaient traité avec eux apparemment propriétaires, devaient respectivement exécuter leurs engagements !

Au lendemain du jugement, le journal *Le Droit* (7 décembre 1906) a publié une étude très juridiquement documentée, que je signale à votre si bienveillante attention, même sur ce point de droit.

Que si, contrairement aux innombrables décisions obligeant le liquidateur à l'exécution des engagements de la Congrégation vis-à-vis des tiers, vous ne considériez celui-ci tenu que dans les limites de l'émolument, le concours de M⁰ X... a certainement procuré une plus-value à l'immeuble en l'affranchissant d'une servitude de passage qui le dépréciait, en lui faisant reconnaître un droit à une source d'eau vive.

Et, si, ce que nous examinerons en terminant, le principe de la rémunération due à l'avocat doit être sanctionné par le juge, quand il est invoqué, les honoraires ne sont-ils pas au premier chef des frais faits pour la conservation de la chose que l'art. 2102 § 3 range parmi les créances privilégiées ?

Le Tribunal, il vous en souvient, n'admet pas ce privilège ; il emprunte non seulement la doctrine mais les expressions d'un jugement ancien du Tribunal de la Seine (28 février 1843, S. 43. 2. 201), identique d'ailleurs dans sa teneur et ses termes à un jugement de l'année précédente.

En voici l'attendu intéressant :

Attendu que, si l'avocat, *par désintéressement et dignité, renonce* à réclamer en justice les honoraires qui lui sont légitimement dus pour ses soins et son travail, son *droit n'en existe pas moins ;* mais que sa créance, quelque respectable qu'en soit l'origine, ne saurait être *priviligiée ;* qu'elle ne peut être assimilée ni aux frais de justice, ni aux frais faits pour la conservation de la chose ; qu'elle n'a, en effet, aucun des caractères des frais de justice ; qu'on ne peut pas dire non plus que l'avocat ait conservé la chose ; qu'il facilite seulement l'octroi de la justice et ne fait que mettre en lumière un droit préexistant, qu'on aurait pu, sans lui, reconnaître ou sanctionner, etc.

(Du 28 fév. 1843, Trib. de la Seine. — 2ᵉ ch. Prés. M. Durantin.)

En cette année 1843, et quelques jours auparavant, le 28 janvier, la Cour d'Appel de Paris (3ᵉ chambre) avait cependant, sous la présidence de M. Pécourt, nettement proclamé qu'elle admettait le privilège pour les honoraires des avocats, malgré une décision antérieure du Tribunal de la Seine dans le sens de celle que s'est assimilée la décision aujourd'hui entreprise.

Le Droit du 29 janvier 1843 relate tous les débats : nous en extrayons les passages suivants :

Peuvent être considérés comme des frais faits pour la conservation de la chose des honoraires d'avocats payés par une partie et dont cette partie demande le remboursement par voie de collocation privilégiée dans une contribution judiciaire (implicitement résolu).

Bien que cette solution n'ait été qu'implicitement consacrée par la Cour dans l'affaire que nous rapportons aujourd'hui, elle emprunte une gravité particulière à cette circonstance que le Tribunal civil de la Seine s'était récemment prononcé en sens contraire par un jugement motivé avec soin et qui a été cité dans les plaidoiries de la cause actuelle.

De longs débats judiciaires se sont poursuivis entre la succession de Mme la duchesse de Brancas-Céleste et M. de Contades... Ces procès dans lesquels M. le comte de Mandreville et Mme de Sinetti figuraient comme donataires de la duchesse de Brancas, ont été terminés par un arrêt de la Cour Royale d'Orléans condamnant M. de Contades au paiement de la somme de 62.000 francs. Une contribution judiciaire dut être ouverte... M. de Mandreville et Mme de Sinetti y produisirent pour les frais et déboursés par eux faits dans le cours des procès soutenus contre M. de Contades. Ils demandèrent à être colloqués par privilège pour ces frais et déboursés, dont une partie consistait en honoraires payés à des avocats.

Un jugement ayant accueilli cette demande de collocation privilégiée, appel a été interjeté... Me Bousquet (défenseur de l'appelante) a soutenu que les honoraires payés aux avocats ne pouvaient être considérés comme des frais faits pour la conservation de la chose. La loi, disait-il, distingue les frais des honoraires. Or, l'art. 2102 § 3 ne parle que des frais faits pour la conservation de la chose. La Cour sait comment l'art. 80 du tarif a fixé les honoraires de l'avocat. Ainsi les termes de l'art 2102 ne peuvent s'étendre aux honoraires. En matière de privilège, tout est de droit étroit. Savez-vous ce que sont les honoraires de l'avocat ? C'est un devoir du client. Ce n'est pas un droit de l'avocat. C'est la reconnaissance du client engagée ; mais ce n'est pas une dette exigible, car ce n'est point pour l'avocat une créance. Entre le client et le défenseur il n'y a pas un lien de droit, partant le droit de poursuivre, *jus persequendi in judicio.*

A Rome, lorsque le désintéressement et la vertu y étaient en honneur, il y avait une loi qui défendait aux avocats de recevoir des clients ni argent ni présents. C'était la loi Cincia, que le consul Silius sous le règne de Claude, proposa au Sénat de faire revivre, ainsi que Tacite nous l'apprend.

A l'appui de sa thèse, Me Bousquet a donné lecture d'un jugement rendu récemment par la 2e ch. du Tribunal civil de la Seine et qui a rejeté en ces termes une demande en collocation privilégiée des honoraires d'avocat :

« En ce qui touche la collocation faite au sieur C...

« Attendu que C... est créancier à raison des honoraires qui lui sont dus pour les peines et soins dans les diverses instances et démarches faites dans le but d'arriver à la liquidation de l'indemnité ; que, quelque respectable que soit l'origine de cette créance, quelle qu'ait été l'influence de l'intervention de C..., l'utilité et l'importance des conseils et des soins

qu'il a donnés, etc., elle ne rentre pas dans la classe des créances privilégiées, telles qu'elles sont spécifiées par les art. 2101 et 2102 ; qu'en
effet, vainement on voudrait considérer les honoraires de l'avocat comme
frais de justice ; qu'il est évident qu'ils n'en présentent ni la nature ni le
caractère, bien qu'ils doivent prendre leur source dans un sentiment à la
fois de devoir et de reconnaissance qui oblige le client à rémunérer
convenablement le temps généreusement et laborieusement consacré par
l'avocat qui s'est dévoué à la défense de ses intérêts, de son honneur et
de sa liberté ;

« Qu'on ne peut pas davantage regarder les honoraires dont s'agit
comme des frais faits pour la conservation de la chose, parce que, quelque
éclairés que fussent les conseils de C..., ils ne pouvaient pas créer le
droit de B..., le droit étant préexistant ; ils n'étaient pas de nature non
plus à le conserver dans le vrai sens de la loi, parce que par leur nature
les conseils tendaient bien à mettre le droit *en lumière*, à faciliter sa
conservation, mais qu'il est impossible d'admettre d'une manière absolue
que le droit de B... eût nécessairement péri sans les conseils de C..., et
que la Justice par elle-même eût été impuissante pour le reconnaître et le
sanctionner ; que c'est à ce caractère particulier, essentiel de la conservation de la chose que se trouve attaché le privilège du n° 3 de l'art. 2102
du Code civil ; qu'il faut donc que les frais, que la conservation a entraînés
se confondent avec la chose elle-même et que sans eux la chose eût péri ;
que c'est là la base, la condition rigoureuse du privilège, condition qui
ne se rencontre pas en faveur de C... »

M⁰ˢ Chauvelot et Liouville demandent la confirmation du jugement de
1ʳᵉ instance :

Arrivant à la question relative aux honoraires d'avocat, Mᵉ Liouville
s'exprime ainsi :

Ce ne sont pas les avocats, et surtout ceux du barreau de Paris, qui
oublieraient les glorieuses traditions de leur Ordre ; ils se rappellent
encore avec orgueil que, lorsque Linguet eut obtenu au Parlement une
condamnation en 60.000 francs d'honoraires contre le duc d'Aiguillon, il
fut le lendemain même rayé du tableau.

Mais si, par une délicatesse qui les honore, les avocats s'interdisent
eux-mêmes de réclamer en justice le paiement de leurs honoraires contre
les clients qu'ils ont défendus, est-ce à dire que la loi ne leur accorderait
pas d'action ?...

M. LE PRÉSIDENT PÉCOURT. — Passez sur ce point : l'opinion de la Cour
est formée.

Mᵉ LIOUVILLE. — Je n'insistais, Monsieur le Président, que parce que
le Tribunal civil de la Seine vient de manifester sa tendance vers une
jurisprudence contraire ; mais puisque la Cour est suffisamment édifiée, je
n'ai plus rien à dire.

Sur les conclusions conformes de M. l'Avocat général Tardif, la Cour a
confirmé le jugement qui accordait à M. de Mandreville et à Mᵐᵉ de Sinetti

une collocation privilégiée pour toutes les sommes déboursées par eux, sans distinction entre les frais proprement dits et les honoraires payés aux avocats.

Qu'est-il besoin d'ajouter au langage de Me Liouville ? Il affirme le principe de la rémunération, tout en rappelant les traditions de désintéressement et de modération qui doivent toujours demeurer le patrimoine et l'honneur de notre profession.

La théorie du Tribunal accepte comme démontré ce qui est éminemment discutable : le point de savoir si sans le concours de l'avocat le droit eût été sanctionné et reconnu. N'est-ce pas, par la préparation de l'avocat, par ses investigations de fait, par ses recherches de droit, par sa discussion contradictoire, par la rédaction même de ses notes qui rappellent et raniment sa plaidoirie pendant le délibéré des juges, que ceux-ci, désormais définitivement éclairés, sont à même d'apprécier les raisons, de décider et de motiver leur sentence ?

Veut-on s'en tenir aux exigences du Tribunal ? Mais elle est rapportée, cette justification d'une valeur mise dans le patrimoine, et des frais faits pour la conservation de la chose ! C'est grâce au concours de Me X... que la propriété a été affranchie d'une servitude de passage et que des droits à une source lui ont été maintenus ! L'immeuble a donc conservé la plénitude de ses droits ! C'est du reste cette solution qu'admet, aujourd'hui, à vrai dire, la Jurisprudence. Le Tribunal de Grenoble, le 3o août 1865 (*Journal de Grenoble,* 1866, p. 4o3. *Pandectes françaises,* v° *Avocat,* n° 13o5) a déclaré que les frais de plaidoirie d'avocat, bien qu'ils ne soient pas des frais de justice, n'en sont pas moins privilégiés, lorsqu'ils ont servi à sauver la créance dont le montant se distribue ; et le 26 mars 1904, la Cour d'Amiens (v° *Droit* du 10 juillet) a décidé qu'un avocat ne peut poursuivre sur les immeubles d'une femme dotale le recouvrement de ses honoraires, alors qu'il *n'est pas établi* que ses conseils ont eu pour résultat la conservation de la dot.

Donc si cette preuve eût été rapportée, la prétention de l'avocat eût eu satisfaction.

Mais, nous objecte enfin le Tribunal, les conseils et plaidoiries de l'avocat n'ont pas pour effet de créer au profit d'une partie un droit qui ne serait pas préexistant !

Nous sommes d'accord : le droit est préexistant, comme la

chose est préexistante dans l'hypothèse prévue par l'art. 2102. Il faut bien qu'elle préexiste, puisque le privilège est conféré à celui qui la conserve ! Or, si la chose ne préexistait pas, je me demande comment on la conserverait ! Par ce mot « chose », d'après M. Guillouard (t. I, n° 372), il faut entendre les meubles incorporels, comme les meubles corporels. Cette préexistense, mais elle se constate partout ! Les frais de justice sont privilégiés, et cependant la procédure suivie n'a abouti qu'à la consécration d'un droit antérieur !

Le malade préexiste, — pourtant le médecin qui le soigne a un privilège ! Et, sans diminuer en rien le mérite de son intervention, qui peut donc affirmer qu'à son défaut l'homme eût péri et que la nature par son évolution normale n'eût pas suffi à le conserver ? La loi et les juges ont surtout pris en considération, pour accorder le bénéfice de l'art. 2102, les résultats réels et effectifs du travail.

La Cour de Poitiers, le 8 février 1892 (Sirey, 1892 2. 88), admet pour le vétérinaire qui a donné des soins à un cheval le bénéfice de l'art. 2102 et déclare sa créance privilégiée sur le prix de la vente du cheval — frais, dit-elle, faits pour la conservation de la chose. La Cour de Caen avait ainsi décidé le 10 juin 1873 pour un maréchal ferrant (*Recueil,* Caen, 1873. 250. V. aussi Baudry-Lacantinerie, n° 475).

Au surplus, Messieurs, la thèse affirmée par le Tribunal a des conséquences plus graves que la seule négation d'un privilège ; elle tend, à vrai dire, sous une forme voilée et d'apparence aimable, à contester l'utilité de notre concours et le principe de notre rémunération !

Eh quoi ! les longues heures que vous réservez à notre audition, les réponses aux questions qui viennent de votre siège, les plus longues heures que nous mettons encore à ordonner et éclairer le litige seraient désormais un temps véritablement gaspillé, et pour vous et pour nous, puisque, disent les premiers juges « il est impossible d'affirmer que sans l'intervention de l'avocat ce droit eût péri et que le juge eût été impuissant à le reconnaître et à le sanctionner ». L'expérience de chaque jour contredit une telle assertion, l'autorité même de l'avocat, qu'elle naisse de son éloquence, de sa science, plus encore de la dignité de son caractère, ont une influence primordiale, parfois décisive sur les solutions que doit vous dicter votre conscience.

Ah ! je comprends maintenant cette autre décision rendue
par cette même Chambre du Tribunal, le 1ᵉʳ mars 1905, qui eut
un si grand retentisssement, dont je vous cite ce seul attendu :

Attendu qu'aux termes des constitutions les plus anciennes de l'Ordre
des avocats il est de principe que les honoraires sont un présent par
lequel un client reconnaît les peines que son avocat a prises à l'examen
de son affaire.

Et le tribunal, évoque une phrase d'un Bâtonnier de notre
Ordre prononcée le 9 mai 1723 pour interdire toute revendica-
tion. Voulez-vous me permettre de remonter un peu moins
loin, et, moi aussi, d'en appeler au témoignage d'un bâtonnier,
fidèle gardien de nos principes, mais défenseur résolu de notre
droit, qu'il ne faut pas confondre avec la manière dont il plaît
à certains Barreaux, par des scrupules qui les honorent, de
l'exercer !

Ce témoignage, je le puise dans le discours de rentrée prononcé par M. le Bâtonnier Chenu, le 1ᵉʳ décembre 1906 :

Ce ne sont pas, en effet, nos clients qui se plaignent de la défense que
nous nous imposons d'agir contre eux en paiement des honoraires. Certains
s'en trouvent fort bien. Pourvu qu'on leur laisse le droit de réclamer les
honoraires qu'ils ont versés, ils ne tiennent nullement à ce qu'on les oblige
à payer ceux qu'ils ont gardés. On ne nous sait aucun gré de cette discrétion. Nous n'enseignons de tels principes que pour édifier à notre profit
une réputation de délicatesse hyperbolique : mais en fait nous échappons
à la règle par d'ingénieux moyens. Notre dignité n'y gagne rien ; car nul
n'expliquera que nous montrions plus d'apparente fierté qu'un médecin.
Nous devons donc nous en prendre à nous-mêmes de la leçon qu'un
jugement du Tribunal de la Seine nous a infligée « en opposant (je cite le
texte) malicieusement peut-être au Conseil de l'Ordre les *vieilles traditions* dont il lui plaît de se glorifier ».

Il n'est possible de répondre à ce reproche nuancé et courtois d'hypo-
crisie qu'avec une absolue franchise. Je m'y efforcerai.

Il se peut qu'en remontant aux anciennes constitutions de l'Ordre citées
dans le jugement du Tribunal de la Seine, l'honoraire soit considéré comme
« un présent » du client à l'avocat, et je ne crois nullement que le Tribunal
ait mis la moindre malice à nous le rappeler. Mais il est certain que cette
conception a fait son temps et on peut la sacrifier sans regret. Nous
n'exerçons pas notre profession dans l'espérance de recueillir quelques
cadeaux, mais bien avec le droit fort légitime d'obtenir le prix de nos
efforts et des services que nous rendons. Voilà la vérité. Nous avouerons,
si l'on veut, que nous avons peut-être un peu trop tardé à la proclamer.

Mais c'est, au moins depuis plusieurs années, chose faite. Dans un arrêté réglementaire du 13 juin 1899 qui ne paraît pas suffisamment connu, le Conseil a déclaré « que le *droit* de l'avocat à obtenir *la légitime rému-* « *nération de son travail et des services qu'il est appelé à rendre* à « ses clients se concilie sans peine avec son devoir ; qu'il lui suffit de ne « jamais oublier que la fixation et la remise des honoraires doivent être « *traitées* avec une grande délicatesse et une parfaite convenance. » Nous admettons donc que les honoraires sont versés par suite de *l'accord de deux volontés* et, si je vais jusqu'à reconnaître là les caractères d'une convention, je ne fais qu'ajouter un mot à une définition qui en suppose clairement l'existence.

Il me convenait, dans une question de cette nature, que je n'ai d'autre titre pour développer devant vous, qu'une trop indulgente confiance, de m'abriter sous ce patronage !

Tous les auteurs qui ont traité de notre profession ont reconnu le droit à la rémunération ; ils ont seulement pu différer sur l'opportunité de la réclamation, sur les moyens qu'on emploiera pour le faire reconnaître. (Voir Mollot, Liouville, Cresson.)

Vous-mêmes, Messieurs, vous avez, à vrai dire, toujours reconnu ce droit quand les circonstances ont permis ou fait un devoir de vous le soumettre. Déjà je vous ai cité une décision de la Cour de Paris ; vous en trouveriez aux Pandectes une série d'autres : Cour de Bourges, 24 août 1830, D. 1830. 2. 76. Cour de Colmar, 22 janvier 1846, S. 46, 2. 291. Cour de Limoges, 24 janvier 1874, D. 76. 1. 162. Cour d'Agen, 4 mars 1889, *Pand. fr. pér.*, 1890. 2. 65 ; S. 89. 2. 139.

Non, Messieurs, vous ne déciderez pas que la plaidoirie n'est autre chose qu'un luxe dont le plaideur peut impunément s'affranchir, et vous ne direz surtout pas qu'il peut s'affranchir de la rémunération, sans aucune obligation légale, l'avocat ne s'en fiant qu'à l'élan d'une générosité rarement spontanée.

Mᵉ X..., si discrète qu'ait été sa requête auprès du liquidateur, si modérée que soit sa prétention, quand on examine la multiplicité de ses efforts, et la continuité de son assistance, les soumet cependant à votre haute appréciation ; il m'autorise à vous déclarer qu'il s'en rapporte à votre justice.

Mais laissez-moi vous demander de ne réduire en aucune sorte son indication ; ainsi, plus par votre appréciation que par le montant même de la somme allouée, vous l'indemniserez des mécomptes que lui ont apportés et les conclusions et la sentence des premiers juges, et vous aurez reconnu en ce confrère d'un barreau de province qui a l'estime de tous, des magistrats qui chaque jour le fréquentent et l'écoutent, comme des concitoyens qui sollicitent son dévouement, un honnête, un loyal, un utile auxiliaire de la justice.

M. l'Avocat Général Corentin-Guyho a conclu en ces termes :

Dans cette affaire, où les parties sont presque complètement d'accord, il me reste pourtant une double tâche à remplir : 1° rechercher par quels motifs d'ordre général doit être consacrée leur entente ; 2° préciser, en fait et en droit, le point, pour ainsi dire unique, discuté devant vous.

Il y a, d'abord, à distinguer entre des ordres d'idées différents, donnant chacun naissance à une série de questions spéciales.

Voici le premier de ces ordres d'idées : « quel est le devoir d'un liquidateur, nommé en vertu de la loi de 1901, vis-à-vis des créanciers de la Congrégation dissoute ? Cette question peut se décomposer en trois autres, ainsi formulées : 1° Avant 1901, dans l'ancien droit, surtout après un arrêt fameux de la Cour de Cassation rendu en 1857, une Congrégation non autorisée ne pouvait-elle pas avoir des dettes, résultant d'une existence collective, de fait, connue, et longtemps tolérée ? 2° Depuis 1901, le liquidateur n'est-il pas chargé par l'article 18 de cette loi, ainsi que par les articles 3 et 5 du décret réglementaire du 16 août de la même année, d'acquitter le passif pour dégager l'actif net ? 3° La condamnation prononcée à raison d'une de ces dettes peut-elle se prêter à une exécution immédiate et isolée, au détriment de l'égalité entre créanciers non privilégiés ?

Le second ordre d'idées, dans lequel il faut ensuite nous placer, est relatif à la situation légale de l'avocat réclamant directement ses *honoraires*. A cette occasion, les questions suivantes ont été soulevées : « 1° L'avocat a-t-il, pour réclamer ses honoraires, un véritable droit de créance, sauf à lui à faire tel usage qui lui convient de ce droit, une fois reconnu et proclamé ? 2° Ce droit de créance peut-il être considéré comme privilégié sur les immeubles, en vertu, soit de l'article 2102, paragraphe 3, comme il a été soutenu dans l'espèce, soit, d'une manière plus générale, en vertu de l'article 2103, paragraphe 4, ou de l'article 2101, paragraphe 1er ? 3º La créance en question est-elle soumise au contrôle des Tribunaux, qui peuvent, en cas de désaccord, l'examiner et la réduire ? »

Dans la cause, les débats se sont trouvés bien simplifiés, l'intimé demandant, comme l'appelant lui-même, l'infirmation du jugement du Tribunal de la Seine du 6 décembre 1906.

Deux points seulement ont été discutés devant vous : 1º La créance de l'avocat peut-elle être considérée comme privilégiée sur les immeubles de l'ancienne Congrégation, actuellement détenus par le liquidadeur ? 2º La condamnation prononcée pour honoraires serait-elle susceptible d'une exécution isolée dirigée contre le mandataire de justice chargé de l'ensemble de la liquidation ?

Ce jugement du 6 décembre, qui n'est pas marqué à la forte empreinte de l'éminent Président du Tribunal, a, de plus, la mauvaise chance d'être abandonné par tout le monde. Seulement, comme l'infirmation unanimement sollicitée doit être motivée comme vos autres décisions, il y a lieu de rechercher comment elle se justifie.

On y peut, d'abord, relever la trace de cette subtilité abstraite et systématique qui, comme l'a si bien dit M. le Procureur Général devant la Cour de Cassation, « aime à tirer, avec une logique inflexible, des conséquences absolues ».

Dans la loi de 1901, il y a sans doute, un aspect de sévérité contre ceux qui s'obstinent à vivre en marge, et, souvent, en fraude de la loi ; mais il y a, comme contre-partie, un aspect de protection en faveur de ceux qui réclament pour eux-mêmes, au nom d'un droit sérieux et personnel, qui agissent contre l'ancienne Communauté illégale, contribuant ainsi à la dispersion des biens, c'est-à-dire à rendre plus effective la dispersion des personnes. En 1901, a été faite une loi contre les congréganistes, mais nullement une loi contre les tiers qu'on ne saurait soupçonner de vouloir jouer un rôle de personnes interposées.

L'erreur du Tribunal s'explique par la date déjà ancienne du jugement, date de beaucoup antérieure aux deux arrêts des 5 juin et 17 juillet 1907, rendus par la Chambre Civile de la Cour de Cassation sur les conclusions de M. le Procureur Général Baudouin, conclusions et arrêts après lesquels on a pu dire ce mot très juste : « Les procès continuent, mais la lutte est terminée ! » Il n'y a plus, en effet, à se poser la question de

savoir si la Communauté dissoute pouvait avoir des dettes et si
le liquidateur est obligé de les acquitter, après le considérant
suivant :

Sur ce dernier point, tenons la Jurisprudence pour fixée, et,
sans hésiter, sans discuter davantage, donnons tort au Tribunal en nous inclinant devant l'autorité de la Cour de Cassation.

Au point de vue du droit de l'avocat à réclamer des honoraires, le Tribunal a cédé à une autre tentation qui n'était pas
plus heureuse. Au risque de froisser sans utilité des suscepti-
bilités respectables, — ce qui est toujours fâcheux, — il a
emprunté à un jugement de la Seine, remontant à 1843, la formule d'une réponse quelque peu ironique à la prétention,
trouvée par lui légèrement présomptueuse, de l'appelant qui,
pour justifier sa demande d'honoraires, semblait affirmer que
son intervention avait été nécessaire pour permettre aux magistrats de reconnaître la vérité et de faire justice à qui de droit.

Devant vous, le débat s'est à la fois simplifié et adouci. La
déclaration de Me X... n'a pas été contestée, en principe par le
liquidateur, et je crois, comme lui, qu'à examiner les choses
au point de vue légal et théorique, le droit de l'avocat au prix
légitime de ses efforts est de nature à s'imposer.

Dans les Barreaux de province, qui permettent l'acceptation
des mandats salariés, ce droit découle naturellement des termes
de l'article 1999 du Code civil, ainsi conçu : « Le mandant
doit payer les salaires lorsqu'il en a été promis » ; au Barreau
de Paris et dans les Cours où les mêmes scrupules sont de tra-
dition, un droit analogue peut être tiré de l'action *de in rem
verso,* que le législateur n'a pas définie, mais dont la formule
peut être empruntée à l'arrêt de la Chambre des requêtes du

15 juin 1892 (*Pand. fr. pér.*, 1893. 1 406 ; D. P., 1892. 1. 596) :
« C'est la juste rémunération d'avantages procurés par un fait
personnel. »

Sans doute, les avocats ne gagnent pas toutes leurs causes,
comme les médecins ne guérissent pas tous leurs malades,
mais ils n'en procurent pas moins un avantage ; tant que le
résultat reste douteux, c'est la sécurité que tout ce qui est utile
à dire sera dit ; même après la perte du procès, c'est la satisfaction de conscience que rien n'a été épargné en vue d'un
meilleur succès. Donc, le droit de l'avocat à des honoraires est
légalement incontestable, dès qu'il lui convient de l'exercer.

L'incertitude qui, dans le passé, a paru obscurcir cette
question s'explique seulement par des raisons intérieures de
dignité et de délicatesse. L'origine en est purement historique et
non pas juridique. Dans le grand débat de 1843, qu'on a rap-
pelé devant nous, il est paru que le Barreau avait passé par
trois phases successives. Dans l'antiquité latine et grecque, la
plaidoirie était un moyen d'influence politique ; le Prétoire était
tout près du Forum ; c'était en quelque sorte, une même place
publique ; les succès oratoires valaient autant de clients que
les triomphes militaires, et Cicéron s'avançait au milieu d'un
cortège d'obligés, qui lui apportaient leurs voix, comme témoignage de reconnaissance, patron bientôt porté au Consulat !
Dans l'ancienne société française, c'est un point d'honneur
spécial d'origine aristocratique qui a dominé au Palais. C'était
le temps où le travail faisait déchoir, où un salaire semblait
avilir : l'avocat, se conformant aux idées du monde où il était
admis grâce à son intelligence et à son savoir, prétendait ne
recevoir que des cadeaux ; il ne voulait rien tenir que la
reconnaissance spontanée du plaideur satisfait ; de là une formule connue : « Les honoraires sont un devoir du client, sans
être le droit de l'avocat. » Au contraire, dans la Société française nouvelle, issue de la Révolution, et où l'élément domi-
nant de plus en plus est une démocratie de travailleurs, le travail se trouve en quelque sorte « magnifié » ; c'est une loi d'ordre
supérieur à laquelle tous sont, les uns après les autres, obligés de
se soumettre. A cet état de choses l'avocat, sans répudier des
traditions vénérables, sent lui-même le besoin de s'adapter. Il se
plie aux nécessités et aux conditions actuelles d'une démocratie
égalitaire et laborieuse. Il ne rougit plus de recevoir ouverte-
ment la légitime récompense de son zèle et de son talent. Le mot

salaire ne lui fait plus honte, et en le déclarant avec franchise, il reste, par ces sentiments des réalités, tout aussi digne qu'autrefois en se montrant plus moderne ; c'est le sens profond de l'arrêté du Conseil de l'Ordre du 13 juin 1899, c'est l'un des mérites du discours prononcé, le 1er décembre 1906, à l'ouverture de la Conférence des avocats, par M. le bâtonnier Chenu, et qu'on vous citait la semaine dernière.

Par contre il est bien entendu que le droit ainsi proclamé et mis hors de cause doit être exercé avec tact et discrétion. En principe aussi, les Tribunaux auraient le droit de réduire les honoraires demandés, s'ils paraissaient excessifs ; mais il vaut mieux pour tout le monde que la question ne se présente même pas, afin que rien ne vienne altérer la bonne harmonie des corps judiciaires, le Barreau continuant de témoigner une juste déférence à la Magistrature, et la Magistrature montrant au Barreau sa sympathie traditionnelle.

L'affaire d'aujourd'hui ne saurait troubler cet échange de procédés courtois, car Me X..., l'appelant, s'en remet respectueusement à la Cour pour la fixation de ce qui lui est dû, et, d'un autre côté, afin de prouver sa bonne foi et sa modération, il produit un état détaillé des plaidoiries prononcées, des mémoires rédigés, et des démarches multipliées, état appuyé par une taxe émanant du Président de Z..., tribunal devant lequel il occupe, tous documents d'où il résulte que la réclamation semble à la fois raisonnable et justifiée.

D'autre part le liquidateur M. Duez ne conteste nullement le chiffre des honoraires réclamé. Il accorde : 1° qu'il pouvait y avoir des créanciers de la Congrégation dissoute ; 2° que c'est le droit de l'avocat de réclamer des honoraires ; 3° que Me X... ne demande pas trop pour prix de ses peines et soucis. Que conteste-t-il donc ? Une seule chose, c'est que Me X..., reconnu créancier, possède une créance privilégiée.

Il a raison dans ce qu'il repousse comme dans ce qu'il admet.

Une remarque tout d'abord : c'est que Me X..., prétend faire porter le privilège invoqué sur l'immeuble même dont il aurait contribué ou à conserver la valeur en lui faisant attribuer par justice l'usage d'une servitude contestée ; c'est là sa prétention, et c'est sur l'article 2102, paragraphe 3 du Code civil qu'il s'appuie ; or, l'article 2102 est un privilège spécial aux meubles ainsi qu'il résulte de la section II des privilèges et hypothèques,

M⁰ X..., — et pour cause, — n'indique pas le meuble spécial sur lequel il voudrait faire porter sa cause de préférence, et l'article 2099, en cette matière de droit étroit, catégorise de façon expresse les causes de préférence énumérées par la loi. Il y a donc, de la part de l'appelant, fausse explication évidente du texte de loi invoqué.

Il y a également fausse application de la Jurisprudence sur laquelle l'appelant s'est appuyé avec une force particulière. En effet, l'espèce de l'arrêt de la Cour de Paris, rendu le 29 janvier 1843, sous la présidence de M. Pécourt, est tout à fait différente de la cause qui nous occupe. En 1843, ce n'était pas l'avocat qui réclamait lui-même et directement des honoraires, c'étaient les parties à un procès antérieur qui avaient payé des honoraires d'avocat et qui réclamaient le remboursement de leurs avances, y voyant « les frais faits pour la conservation de la chose », dont parle l'article 2102, paragraphe 3, du Code civil. Et, en effet, l'élément matériel se rencontrait puisque des frais avaient été faits, des sommes avancées, des paiements réalisés ; d'autre part l'élément intentionnel, s'y ajoutait puisque le but poursuivi, dont l'article 2102 paraît s'occuper plus que du résultat obtenu, avait été de « conserver la chose », de la préserver de tout dommage, accident ou perte du procès. La solution de 1843 était, dès lors, entièrement juridique, — d'autant plus que, dans cette espèce, le privilège était prétendu sur un actif mobilier, dans une contribution en argent, et non, comme ici, spécialement sur un immeuble déterminé.

Dès lors, tout à la fois manque à l'appelant, M⁰ X..., et le texte de la Loi, et l'analogie de la Jurisprudence qu'il invoquait.

Du moins aurait-il pu recourir à d'autres arguments pour soutenir la même prétention? Aurait-il été plus heureux en invoquant, soit l'article 2103, paragraphe 4, soit l'article 2101, paragraphe 1ᵉʳ ?

Pas l'article 2103, paragraphe 4, car l'avocat est en dehors de l'énumération faite par cet article : « Architectes, entrepreneurs, maçons et autres ouvriers » ; et, d'autre part, une assimilation entre les professions ne saurait être imaginée : car, dans le fait personnel de l'avocat procurant un avantage à son client, il manque la circonstance essentielle caractérisant l'hypothèse de l'article 2103, paragraphe 4, c'est-à-dire l'apport matériel s'incorporant à la chose, au point d'en rester partie intégrante, qui tend à augmenter ou du moins à maintenir la valeur de l'immeuble. Au contraire, le fait personnel de l'avocat s'évanouit avec les paroles prononcées, sans laisser de traces sensibles, pas même souvent la reconnaissance du client !

Pas davantage l'article 2101, paragraphe 1er, bien qu'il s'étende, celui-là, des meubles aux immeubles ; car l'intervention ne saurait être mise au rang des frais nécessaires de justice, n'étant pas obligatoire comme l'assistance de l'avoué ou l'emploi d'un huissier.

Ainsi, tout privilège direct fait défaut à l'appelant. Mais, n'y aurait-il pas moyen, pour lui, de s'en créer un indirectement ? Il y arriverait en fait, s'il obtenait une condamnation pour honoraires susceptible d'être exécutée immédiatement et isolément. Mais là encore, le liquidateur résiste. Il oppose le principe qu'il est chargé, comme un syndic de faillite, d'une opération d'ensemble à effectuer entre créanciers égaux, et ayant droit à être traités de même. Il oppose surtout la jurisprudence de la Cour de Cassation qui, sur ce point également, a dit le dernier mot dans son arrêt du 5 juin 1907. Voici, en effet, le considérant décisif, après lequel, en vérité, la question ne saurait plus être posée utilement : « Attendu, dit la Cour de Cassation, que l'action ne saurait aboutir qu'à un jugement fixant le montant de la dette et admettant le bénéficiaire à la répartition de l'actif net pour le chiffre de la somme fixée, mais que ce jugement ne doit pas prononcer contre le liquidateur une condamnation emportant l'exécution forcée et immédiate, garantie par une hypothèque judiciaire sur les immeubles soumis à la liquidation » (*Gazette des Tribunaux* des 17 et 18 juin 1907.)

De ce qui précède, quelle est la conclusion à tirer ? Elle est triple : 1º l'infirmation demandée par les deux parties s'impose par des motifs d'ordre général ; 2º un droit de créance doit être reconnu à Me X..., avocat, pour ses honoraires, mais sans privilège d'aucune sorte ; 3º l'avocat créancier doit seulement être admis au passif de la liquidation, pour être réglé par les autres créanciers non privilégiés, et sur le pied de l'égalité dans l'opération d'ensemble.

Tel est, du moins, l'avis que je crois pouvoir dégager du débat qui a eu lieu devant vous.

L'Arrêt.

Conformément à ces conclusions, la Cour a rendu l'arrêt suivant :

La Cour :

Considérant que X..., avocat du barreau de Z., a plaidé divers procès soutenus par les sieurs Langeon, Isnard, Mauron et Ossola, membres de la Congrégation des Oblats et propriétaires apparents de l'immeuble faisant l'objet desdits procès ; que cette Congrégation non autorisée ayant été dissoute et ses quatre membres susnommés déclarés personnes interposées, X... a agi pour le paiement de 2.500 francs, montant de ses honoraires, contre Duez, liquidateur des biens de la susdite congrégation ;

Considérant que, si celle-ci n'a jamais eu d'existence légale, elle n'en a pas moins eu une existence de fait ; qu'elle a détenu des biens, les a exploités et a contracté des obligations pour cette gestion comme pour toutes les choses nécessaires à la vie de ses membres ; que ces biens ne se peuvent concevoir que sous déduction du passif créé par leurs anciens détenteurs ; que, puisqu'ils doivent être liquidés pour certaines affectations, ils doivent aussi être employés dans l'ordre que la loi prescrit à l'acquit du passif ;

Considérant que cette solution, conforme aux règles générales du droit et de l'équité, trouve, en outre, sa justification dans la disposition de l'article 18 de la loi du 1ᵉʳ juillet 1901, relatif à la répartition de l'actif net, et les articles 3 et 5 du décret du 16 août suivant ;

Considérant qu'il est sans intérêt d'apprécier si le concours de l'avocat a ou non conservé le droit que la décision intervenue a consacré ; qu'il suffit de retenir qu'un service a été rendu, qui avait été sollicité, avec la promesse exprimée ou tacite d'une rémunération ;

Considérant qu'il ne peut être fait application à l'espèce du privilège de l'article 2102, paragraphe 3, puisque ce texte est relatif à un privilège sur certains meubles, à raison des frais faits pour leur conservation, et que les procès dans lesquels X... a plaidé avaient pour objet des droits dépendant d'un immeuble ;

Considérant qu'aucune contestation n'a été soulevée sur le quantum des honoraires demandés ;

Considérant que la décision à rendre sur cette demande ne peut être une condamnation exécutoire immédiatement par toutes les voies de droit, et comportant notamment le droit de prendre une hypothèque judiciaire, mais seulement une constatation de la créance dont le liquidateur devra faire état, lors de la répartition de l'actif net, après les prélèvements ordonnés par la loi et sauf confusion dans la masse des créances non privilégiées ;

Considérant, en effet, qu'il y a lieu d'appliquer, quant à ce, les règles prescrites dans d'autres cas où le débiteur est dessaisi de la disposition de ses biens, qui constituent une masse à liquider par un mandataire de justice ; qu'au surplus, ce mode de procéder est le seul en harmonie avec l'ensemble des diverses dispositions de la loi du 1er juillet 1901 sur la liquidation des biens ;

Par ces motifs ;

Et rejetant toutes autres demandes et conclusions, comme inutiles ou non justifiées, infirme le jugement rendu entre les parties par le Tribunal civil de la Seine le 6 décembre 1906 ; décharge M° X... des dispositions lui faisant grief ;

Et statuant à nouveau, dit qu'il est dû à X... 2.500 francs pour honoraires de plaidoiries sur les biens ayant été détenus par la Congrégation des Oblats de Marie-Immaculée, et desquels Duez est liquidateur, et que cette somme sera payée par Duez, comme créance non privilégiée, sur la masse des biens à liquider, après les prélèvements ordonnés par la loi en totalité ou au marc le franc selon les résultats de la liquidation ;

Ordonne la restitution de l'amende ;

Dit que les frais de première instance et d'appel seront supportés par Duez ès qualité, dans les conditions ci-dessus prescrites pour le paiement du principal.

150-09
Imp. des Orph.-Appr.
F. BLÉTIT
40, rue La Fontaine,
Paris.